Nocturnos y nostalgias

XAVIER VILLAURRUTIA

FONDO 2000
Cultura para todos

FONDO DE CULTURA ECONÓMICA

MÉXICO

Fragmento de
Obras

Primera edición, 1997

D. R. © 1997, Fondo de Cultura Económica
Carretera Picacho-Ajusco, 227; 14200 México, D. F.

ISBN 968-16-5286-X

Impreso en México

COMO ha escrito Alí Chumacero, "perteneció Xavier Villaurrutia a una generación literaria que, unida por voluntaria afinidad de propósitos y de gustos, hizo de la poesía mexicana un renovado instrumento de expresión". Esa generación llamada de Contemporáneos (nombre de una revista en donde se publicaron sus inspiraciones y se fraguaron sus aspiraciones literarias) reunió a toda una pléyade de intelectuales importantes del siglo XX mexicano, entre los que destacan Jaime Torres Bodet, Carlos Pellicer, José Gorostiza, Gilberto Owen, Bernardo Ortiz de Montellano, Jorge Cuesta, Enrique González Rojo, Salvador Novo, Julio Torri y el propio Villaurrutia.

Xavier Villaurrutia nació en la ciudad de México en 1903 y desde sus estudios en la Preparatoria entabló amistad con Novo y Torres Bodet. Aunque inició los estudios en la Facultad de Derecho, pronto los abandonó para dedicarse enteramente a las letras: publicó poemas desde 1919, codirigió la revista Ulises *con Novo y fue becado por la Fundación Rockefeller para estudiar teatro en la Universidad de Yale. En 1928, con el patrocinio de Antonieta Rivas Mercado, Villaurrutia —junto con Novo, Gorostiza, Owen, Jiménez Rueda y otros— funda el Teatro de Ulises, foro de teatro experimental, en donde inicia una larga labor como dramaturgo. Escribió más de una docena de obras para teatro, entre las que destacan* La tragedia de las equivocaciones, La mulata de Córdoba *y* El solterón.

Villaurrutia murió en 1950, y desde 1955 los escritores de México instituyeron un Premio Nacional, de escritores para escritores, que honra al mejor libro publicado durante el año editorial. Juan Rulfo fue el primer galardonado con esta presea en 1956 y, salvo una interrupción de 1968 a 1972, su nómina ha representado a los más altos e importantes autores de la segunda mitad del siglo XX.

FONDO 2000 *presenta en estas páginas el libro central de la obra poética de Xavier Villaurrutia. El enigmático título corresponde a la convicción que este poeta tenía en que la vida entraña una ineludible destrucción interna, poblada de soledades, angustias, callejones solitarios, sombras y sueños. "El hombre —escribió Villaurrutia— es un animal que puede sentir nostalgia, echar de menos aun su muerte, que vive y experimenta en formas muy misteriosas." Como bien lo ha señalado Alí Chumacero, Villaurrutia "nos dejó una obra poética no muy abundante, pero suficiente para que, al lado de nuestros más grandes poetas, se recuerde siempre su nombre".*

NOSTALGIA DE LA MUERTE

Nocturnos

*Burned in a sea of ice,
and drowned amidst a fire.*
MICHAEL DRAYTON

NOCTURNO

Todo lo que la noche
dibuja con su mano
de sombra:
el placer que revela,
el vicio que desnuda.

Todo lo que la sombra
hace oír con el duro
golpe de su silencio:
las voces imprevistas
que a intervalos enciende,
el grito de la sangre,
el rumor de unos pasos
perdidos.

Todo lo que el silencio
hace huir de las cosas:
el vaho del deseo,

el sudor de la tierra,
la fragancia sin nombre
de la piel.

Todo lo que el deseo
unta en mis labios:
la dulzura soñada
de un contacto,
el sabido sabor
de la saliva.

Y todo lo que el sueño
hace palpable:
la boca de una herida,
la forma de una entraña,
la fiebre de una mano
que se atreve.

¡Todo!
circula en cada rama
del árbol de mis venas,
acaricia mis muslos,
inunda mis oídos,
vive en mis ojos muertos,
muere en mis labios duros.

NOCTURNO MIEDO

TODO en la noche vive una duda secreta:
el silencio y el ruido, el tiempo y el lugar.
Inmóviles dormidos o despiertos sonámbulos
nada podemos contra la secreta ansiedad.

Y no basta cerrar los ojos en la sombra
ni hundirlos en el sueño para ya no mirar,
porque en la dura sombra y en la gruta del sueño
la misma luz nocturna nos vuelve a desvelar.

Entonces, con el paso de un dormido despierto,
sin rumbo y sin objeto nos echamos a andar.
La noche vierte sobre nosotros su misterio,
y algo nos dice que morir es despertar.

¿Y quién entre las sombras de una calle desierta,
en el muro, lívido espejo de soledad,
no se ha visto pasar o venir a su encuentro
y no ha sentido miedo, angustia, duda mortal?

El miedo de no ser sino un cuerpo vacío
que alguien, yo mismo o cualquier otro, puede
   ocupar,
y la angustia de verse fuera de sí, viviendo,
y la duda de ser o no ser realidad.

NOCTURNO GRITO

Tengo miedo de mi voz
y busco mi sombra en vano.

¿Será mía aquella sombra
sin cuerpo que va pasando?
¿Y mía la voz perdida
que va la calle incendiando?

¿Qué voz, qué sombra, qué sueño
despierto que no he soñado
serán la voz y la sombra
y el sueño que me han robado?

Para oír brotar la sangre
de mi corazón cerrado,
¿pondré la oreja en mi pecho
como en el pulso la mano?

Mi pecho estará vacío
y yo descorazonado
y serán mis manos duros
pulsos de mármol helado.

NOCTURNO DE LA ESTATUA

A Agustín Lazo

Soñar, soñar la noche, la calle, la escalera
y el grito de la estatua desdoblando la esquina.
Correr hacia la estatua y encontrar sólo el grito,
querer tocar el grito y sólo hallar el eco,
querer asir el eco y encontrar sólo el muro
y correr hacia el muro y tocar un espejo.
Hallar en el espejo la estatua asesinada,
sacarla de la sangre de su sombra,
vestirla en un cerrar de ojos,
acariciarla como a una hermana imprevista
y jugar con las fichas de sus dedos
y contar a su oreja cien veces cien cien veces
hasta oírla decir: "Estoy muerta de sueño".

NOCTURNO EN QUE NADA SE OYE

En medio de un silencio desierto como la calle
   antes del crimen
sin respirar siquiera para que nada turbe mi muerte
en esta soledad sin paredes
al tiempo que huyeron los ángulos
en la tumba del lecho dejo mi estatua sin sangre
para salir en un momento tan lento
en un interminable descenso
sin brazos que tender
sin dedos para alcanzar la escala que cae de un
   piano invisible
sin más que una mirada y una voz
que no recuerdan haber salido de ojos y labios
¿qué son labios? ¿qué son miradas que son labios?
y mi voz ya no es mía
dentro del agua que no moja
dentro del aire de vidrio
dentro del fuego lívido que corta como el grito
Y en el juego angustioso de un espejo frente a otro
cae mi voz
y mi voz que madura
y mi voz quemadura
y mi bosque madura
y mi voz quema dura
como el hielo de vidrio
como el grito de hielo
aquí en el caracol de la oreja
el latido de un mar en el que no sé nada
en el que no se nada

porque he dejado pies y brazos en la orilla
siento caer fuera de mí la red de mis nervios
mas huye todo como el pez que se da cuenta
hasta siento en el pulso de mis sienes
muda telegrafía a la que nadie responde
porque el sueño y la muerte nada tienen ya que
   decirse.

NOCTURNO SUEÑO

A Jules Supervielle

Abría las alas
profundas el sueño
y voces delgadas
corrientes de aire
entraban

Del barco del cielo
del papel pautado
caía la escala
por donde mi cuerpo
bajaba

El cielo en el suelo
como en un espejo
la calle azogada
dobló mis palabras

Me robó mi sombra
la sombra cerrada
Quieto de silencio
oí que mis pasos
pasaban

El frío de acero
a mi mano ciega
armó con su daga
Para darme muerte
la muerte esperaba

Y al doblar la esquina
un segundo largo
mi mano acerada
encontró mi espalda

Sin gota de sangre
sin ruido ni peso
a mis pies clavados
vino a dar mi cuerpo

Lo tomé en los brazos
lo llevé a mi lecho

Cerraba las alas
profundas el sueño

NOCTURNO PRESO

PRISIONERO de mi frente
el sueño quiere escapar
y fuera de mí probar
a todos que es inocente.
Oigo su voz impaciente,
miro su gesto y su estado
amenazador, airado.
No sabe que soy el sueño
de otro: si fuera su dueño
ya lo habría libertado.

NOCTURNO AMOR

A Manuel Rodríguez Lozano

EL QUE nada se oye en esta alberca de sombra
no sé cómo mis brazos no se hieren
en tu respiración sigo la angustia del crimen
y caes en la red que tiende el sueño
Guardas el nombre de tu cómplice en los ojos
pero encuentro tus párpados más duros que el silencio
y antes que compartirlo matarías el goce
de entregarte en el sueño con los ojos cerrados
sufro al sentir la dicha con que tu cuerpo busca
el cuerpo que te vence más que el sueño
y comparo la fiebre de tus manos
con mis manos de hielo
y el temblor de tus sienes con mi pulso perdido
y el yeso de mis muslos con la piel de los tuyos
que la sombra corroe con su lepra incurable
Ya sé cuál es el sexo de tu boca
y lo que guarda la avaricia de tu axila
y maldigo el rumor que inunda el laberinto de tu oreja
sobre la almohada de espuma
sobre la dura página de nieve
No la sangre que huyó de mí como del arco huye la flecha
sino la cólera circula por mis arterias
amarilla de incendio en mitad de la noche
y todas las palabras en la prisión de la boca

y una sed que en el agua del espejo
sacia su sed con una sed idéntica
De qué noche despierto a esta desnuda
noche larga y cruel noche que ya no es noche
junto a tu cuerpo más muerto que muerto
que no es tu cuerpo ya sino su hueco
porque la ausencia de tu sueño ha matado a la muerte
y es tan grande mi frío que con un calor nuevo
abre mis ojos donde la sombra es más dura
y más clara y más luz que la luz misma
y resucita en mí lo que no ha sido
y es un dolor inesperado y aún más frío y más fuego
no ser sino la estatua que despierta
en la alcoba de un mundo en el que todo ha muerto.

NOCTURNO SOLO

SOLEDAD, aburrimiento,
vano silencio profundo,
líquida sombra en que me hundo,
vacío del pensamiento.
Y ni siquiera el acento
de una voz indefinible
que llegue hasta el imposible
rincón de un mar infinito
a iluminar con su grito
este naufragio invisible.

NOCTURNO ETERNO

Cuando los hombres alzan los hombros y pasan
o cuando dejan caer sus nombres
hasta que la sombra se asombra

cuando un polvo más fino aún que el humo
se adhiere a los cristales de la voz
y a la piel de los rostros y las cosas

cuando los ojos cierran sus ventanas
al rayo del sol pródigo y prefieren
la ceguera al perdón y el silencio al sollozo

cuando la vida o lo que así llamamos inútilmente
y que no llega sino con un nombre innombrable
se desnuda para saltar al lecho
y ahogarse en el alcohol o quemarse en la nieve

cuando la vi cuando la vid cuando la vida
quiere entregarse cobardemente y a oscuras
sin decirnos siquiera el precio de su nombre

cuando en la soledad de un cielo muerto
brillan unas estrellas olvidadas
y es tan grande el silencio del silencio
que de pronto quisiéramos que hablara

o cuando de una boca que no existe
sale un grito inaudito
que nos echa a la cara su luz viva
y se apaga y nos deja una ciega sordera

o cuando todo ha muerto
tan dura y lentamente que da miedo
alzar la voz y preguntar "quién vive"

dudo si responder
a la muda pregunta con un grito
por temor de saber que ya no existo

porque acaso la voz tampoco vive
sino como un recuerdo en la garganta
y no es la noche sino la ceguera
lo que llena de sombra nuestros ojos

y porque acaso el grito es la presencia
de una palabra antigua
opaca y muda que de pronto grita

porque vida silencio piel y boca
y soledad recuerdo cielo y humo
nada son sino sombras de palabras
que nos salen al paso de la noche.

NOCTURNO MUERTO

Primero un aire tibio y lento que me ciña
como la venda al brazo enfermo de un enfermo
y que me invada luego como el silencio frío
al cuerpo desvalido y muerto de algún muerto.

Después un ruido sordo, azul y numeroso,
preso en el caracol de mi oreja dormida
y mi voz que se ahogue en ese mar de miedo
cada vez más delgada y más enardecida.

¿Quién medirá el espacio, quién me dirá el
   momento
en que se funda el hielo de mi cuerpo y consuma
el corazón inmóvil como la llama fría?

La tierra hecha impalpable silencioso silencio,
la soledad opaca y la sombra ceniza
caerán sobre mis ojos y afrentarán mi frente.

Otros nocturnos

NOCTURNO

AL FIN llegó la noche con sus largos silencios,
con las húmedas sombras que todo lo amortiguan.
El más ligero ruido crece de pronto y, luego,
muere sin agonía.

El oído se aguza para ensartar un eco
lejano, o el rumor de unas voces que dejan,
al pasar, una huella de vocales perdidas.

¡Al fin llegó la noche tendiendo cenicientas
alfombras, apagando luces, ventanas últimas!

Porque el silencio alarga lentas manos de sombra.
La sombra es silenciosa, tanto que no sabemos
dónde empieza o acaba, ni si empieza o acaba.

Y es inútil que encienda a mi lado una lámpara:
la luz hace más honda la mina del silencio
y por ella desciendo, inmóvil, de mí mismo.

Al fin llegó la noche a despertar palabras
ajenas, desusadas, propias, desvanecidas:
tinieblas, corazón, misterio, plenilunio...

¡Al fin llegó la noche, la soledad, la espera!

Porque la noche es siempre el mar de un sueño
   antiguo,
de un sueño hueco y frío en el que ya no queda
del mar sino los restos de un naufragio de olvidos.

Porque la noche arrastra en su baja marea
memorias angustiosas, temores congelados,
la sed de algo que, trémulos, apuramos un día,
y la amargura de lo que ya no recordamos.

¡Al fin llegó la noche a inundar mis oídos
con una silenciosa marea inesperada,
a poner en mis ojos unos párpados muertos,
a dejar en mis manos un mensaje vacío!

NOCTURNO EN QUE HABLA LA MUERTE

Si la muerte hubiera venido aquí, conmigo,
  a New Haven,
escondida en un hueco de mi ropa en la maleta,
en el bolsillo de uno de mis trajes,
entre las páginas de un libro
como la señal que ya no me recuerda nada;
si mi muerte particular estuviera esperando
una fecha, un instante que sólo ella conoce
para decirme: "Aquí estoy.
Te he seguido como la sombra
que no es posible dejar así nomás en casa;
como un poco de aire cálido e invisible
mezclado al aire duro y frío que respiras;
como el recuerdo de lo que más quieres;
como el olvido, sí, como el olvido
que has dejado caer sobre las cosas
que no quisieras recordar ahora.
Y es inútil que vuelvas la cabeza en mi busca:
estoy tan cerca que no puedes verme,
estoy fuera de ti y a un tiempo dentro.
Nada es el mar que como un dios quisiste
poner entre los dos;
nada es la tierra que los hombres miden
y por la que matan y mueren;
ni el sueño en que quisieras creer que vives
sin mí, cuando yo misma lo dibujo y lo borro;
ni los días que cuentas
una vez y otra vez a todas horas,
ni las horas que matas con orgullo

sin pensar que renacen fuera de ti.
Nada son estas cosas ni los innumerables
lazos que me tendiste,
ni las infantiles argucias con que has querido
    dejarme
engañada, olvidada.
Aquí estoy, ¿no me sientes?
Abre los ojos; ciérralos, si quieres".

Y me pregunto ahora,
si nadie entró en la pieza contigua,
¿quién cerró cautelosamente la puerta?
¿Qué misteriosa fuerza de gravedad
hizo caer la hoja de papel que estaba en la mesa?
¿Por qué se instala aquí, de pronto, y sin que yo la
    invite,
la voz de una mujer que habla en la calle?

Y al oprimir la pluma,
algo como la sangre late y circula en ella,
y siento que las letras desiguales
que escribo ahora,
más pequeñas, más trémulas, más débiles,
ya no son de mi mano solamente.

NOCTURNO DE LOS ÁNGELES

A Agustín J. Fink

SE DIRÍA que las calles fluyen dulcemente en la noche.
Las luces no son tan vivas que logren desvelar el secreto,
el secreto que los hombres que van y vienen conocen,
porque todos están en el secreto
y nada se ganaría con partirlo en mil pedazos
si, por el contrario, es tan dulce guardarlo
y compartirlo sólo con la persona elegida.

Si cada uno dijera en un momento dado,
en sólo una palabra, lo que piensa,
las cinco letras del DESEO formarían una enorme cicatriz luminosa,
una constelación más antigua, más viva aún que las otras.
Y esa constelación sería como un ardiente sexo
en el profundo cuerpo de la noche,
o, mejor, como los Gemelos que por vez primera en la vida
se miraran de frente, a los ojos, y se abrazaran ya para siempre.

De pronto el río de la calle se puebla de sedientos seres,
caminan, se detienen, prosiguen.
Cambian miradas, atreven sonrisas,
forman imprevistas parejas...

Hay recodos y bancos de sombra,
orillas de indefinibles formas profundas
y súbitos huecos de luz que ciega
y puertas que ceden a la presión más leve.

El río de la calle queda desierto un instante.
Luego parece remontar de sí mismo
deseoso de volver a empezar.
Queda un momento paralizado, mudo, anhelante
como el corazón entre dos espasmos.

Pero una nueva pulsación, un nuevo latido
arroja al río de la calle nuevos sedientos seres.
Se cruzan, se entrecruzan y suben.
Vuelan a ras de tierra.
Nadan de pie, tan milagrosamente
que nadie se atrevería a decir que no caminan.

¡Son los ángeles!
Han bajado a la tierra
por invisibles escalas.
Vienen del mar, que es el espejo del cielo,
en barcos de humo y sombra,
a fundirse y confundirse con los mortales,
a rendir sus frentes en los muslos de las mujeres,
a dejar que otras manos palpen sus cuerpos febrilmente,
y que otros cuerpos busquen los suyos hasta encontrarlos
como se encuentran al cerrarse los labios de una misma boca,

a fatigar su boca tanto tiempo inactiva,
a poner en libertad sus lenguas de fuego,
a decir las canciones, los juramentos, las malas palabras
en que los hombres concentran el antiguo misterio
de la carne, la sangre y el deseo.

Tienen nombres supuestos, divinamente sencillos.
Se llaman Dick o John, o Marvin o Louis.
En nada sino en la belleza se distinguen de los mortales.

Caminan, se detienen, prosiguen.
Cambian miradas, atreven sonrisas.
Forman imprevistas parejas.

Sonríen maliciosamente al subir en los ascensores de los hoteles
donde aún se practica el vuelo lento y vertical.
En sus cuerpos desnudos hay huellas celestiales;
signos, estrellas y letras azules.
Se dejan caer en las camas, se hunden en las almohadas
que los hacen pensar todavía un momento en las nubes.

Pero cierran los ojos para entregarse mejor a los goces de su encarnación misteriosa,
y, cuando duermen, sueñan no con los ángeles sino con los mortales.

Los Ángeles, California

NOCTURNA ROSA

A José Gorostiza

Yo TAMBIÉN hablo de la rosa.
Pero mi rosa no es la rosa fría
ni la de piel de niño,
ni la rosa que gira
tan lentamente que su movimiento
es una misteriosa forma de la quietud.

No es la rosa sedienta,
ni la sangrante llaga,
ni la rosa coronada de espinas,
ni la rosa de la resurrección.

No es la rosa de pétalos desnudos,
ni la rosa encerada,
ni la llama de seda,
ni tampoco la rosa llamarada.

No es la rosa veleta,
ni la úlcera secreta,
ni la rosa puntual que da la hora,
ni la brújula rosa marinera.

No, no es la rosa rosa
sino la rosa increada,
la sumergida rosa,
la nocturna,
la rosa inmaterial,
la rosa hueca.

Es la rosa del tacto en las tinieblas,
es la rosa que avanza enardecida,
la rosa de rosadas uñas,
la rosa yema de los dedos ávidos,
la rosa digital,
la rosa ciega.

Es la rosa moldura del oído,
la rosa oreja,
la espiral del ruido,
la rosa concha siempre abandonada
en la más alta espuma de la almohada.

Es la rosa encarnada de la boca,
la rosa que habla despierta
como si estuviera dormida.
Es la rosa entreabierta
de la que mana sombra,
la rosa entraña
que se pliega y expande
evocada, invocada, abocada,
es la rosa labial,
la rosa herida.

Es la rosa que abre los párpados,
la rosa vigilante, desvelada,
la rosa del insomnio desojada.

Es la rosa del humo,
la rosa de ceniza,
la negra rosa de carbón diamante
que silenciosa horada las tinieblas
y no ocupa lugar en el espacio.

NOCTURNO MAR

A Salvador Novo

Ni tu silencio duro cristal de dura roca,
ni el frío de la mano que me tiendes,
ni tus palabras secas, sin tiempo ni color,
ni mi nombre, ni siquiera mi nombre
que dictas como cifra desnuda de sentido;

ni la herida profunda, ni la sangre
que mana de sus labios, palpitante,
ni la distancia cada vez más fría
sábana nieve de hospital invierno
tendida entre los dos como la duda;

nada, nada podrá ser más amargo
que el mar que llevo dentro, solo y ciego,
el mar antiguo edipo que me recorre a tientas
desde todos los siglos,
cuando mi sangre aún no era mi sangre,
cuando mi piel crecía en la piel de otro cuerpo,
cuando alguien respiraba por mí que aún no nacía.

El mar que sube mudo hasta mis labios,
el mar que me satura
con el mortal veneno que no mata
pues prolonga la vida y duele más que el dolor.
El mar que hace un trabajo lento y lento
forjando en la caverna de mi pecho
el puño airado de mi corazón.

Mar sin viento ni cielo,
sin olas, desolado,
nocturno mar sin espuma en los labios,
nocturno mar sin cólera, conforme
con lamer las paredes que lo mantienen preso
y esclavo que no rompe sus riberas
y ciego que no busca la luz que le robaron
y amante que no quiere sino su desamor.

Mar que arrastra despojos silenciosos,
olvidos olvidados y deseos,
sílabas de recuerdos y rencores,
ahogados sueños de recién nacidos,
perfiles y perfumes mutilados,
fibras de luz y náufragos cabellos.

Nocturno mar amargo
que circula en estrechos corredores
de corales arterias y raíces
y venas y medusas capilares.

Mar que teje en la sombra su tejido flotante,
con azules agujas ensartadas
con hilos nervios y tensos cordones.

Nocturno mar amargo
que humedece mi lengua con su lenta saliva,
que hace crecer mis uñas con la fuerza
de su marea oscura.

Mi oreja sigue su rumor secreto,
oigo crecer sus rocas y sus plantas
que alargan más y más sus labios dedos.

Lo llevo en mí como un remordimiento,
pecado ajeno y sueño misterioso,
y lo arrullo y lo duermo
y lo escondo y lo cuido y le guardo el secreto.

NOCTURNO DE LA ALCOBA

La muerte toma siempre la forma de la alcoba
que nos contiene.

Es cóncava y oscura y tibia y silenciosa,
se pliega en las cortinas en que anida la sombra,
es dura en el espejo y tensa y congelada,
profunda en las almohadas y, en las sábanas,
 blanca.

Los dos sabemos que la muerte toma
la forma de la alcoba, y que en la alcoba
es el espacio frío que levanta
entre los dos un muro, un cristal, un silencio.

Entonces sólo yo sé que la muerte
es el hueco que dejas en el lecho
cuando de pronto y sin razón alguna
te incorporas o te pones de pie.

Y es el ruido de hojas calcinadas
que hacen tus pies desnudos al hundirse en la
 alfombra.

Y es el sudor que moja nuestros muslos
que se abrazan y luchan y que, luego, se rinden.

Y es la frase que dejas caer, interrumpida.
Y la pregunta mía que no oyes,
que no comprendes o que no respondes.

Y el silencio que cae y te sepulta
cuando velo tu sueño y lo interrogo.

Y solo, sólo yo sé que la muerte
es tu palabra trunca, tus gemidos ajenos
y tus involuntarios movimientos oscuros
cuando en el sueño luchas con el ángel del sueño.

La muerte es todo esto y más que nos circunda,
y nos une y separa alternativamente,
que nos deja confusos, atónitos, suspensos,
con una herida que no mana sangre.

Entonces, sólo entonces, los dos solos, sabemos
que no el amor sino la oscura muerte
nos precipita a vernos cara a cara a los ojos,
y a unirnos y a estrecharnos, más que solos y
 náufragos,
todavía más, y cada vez más, todavía.

CUANDO LA TARDE...

Cuando la tarde cierra sus ventanas remotas,
sus puertas invisibles,
para que el polvo, el humo, la ceniza,
impalpables, oscuros,
lentos como el trabajo de la muerte
en el cuerpo del niño,
vayan creciendo;
cuando la tarde, al fin, ha recogido
el último destello de luz, la última nube,
el reflejo olvidado y el ruido interrumpido,
la noche surge silenciosamente
de ranuras secretas,
de rincones ocultos,
de bocas entreabiertas,
de ojos insomnes.

La noche surge con el humo denso
del cigarrillo y de la chimenea.
La noche surge envuelta en su manto de polvo.
El polvo asciende, lento.
Y de un cielo impasible,
cada vez más cercano y más compacto,
llueve ceniza.

Cuando la noche de humo, de polvo y de ceniza
envuelve la ciudad, los hombres quedan
suspensos un instante,
porque ha nacido en ellos, con la noche, el deseo.

ESTANCIAS NOCTURNAS

SONÁMBULO, dormido y despierto a la vez,
en silencio recorro la ciudad sumergida.
¡Y dudo! Y no me atrevo a preguntarme si es
el despertar de un sueño o es un sueño mi vida.

EN LA noche resuena, como en un mundo hueco,
el ruido de mis pasos prolongados, distantes.
Siento miedo de que no sea sino el eco
de otros pasos ajenos, que pasaron mucho antes.

MIEDO de no ser nada más que un jirón del sueño
de alguien —¿de Dios?— que sueña en este
  mundo amargo.
Miedo de que despierte ese alguien —¿Dios?—, el
  dueño
de un sueño cada vez más profundo y más largo.

ESTRELLA que te asomas, temblorosa y despierta,
tímida aparición en el cielo impasible,
tú, como yo —hace siglos—, estás helada y muerta,
mas por tu propia luz sigues siendo visible.

¡SERÉ polvo en el polvo y olvido en el olvido!
Pero alguien, en la angustia de una noche vacía,
sin saberlo él, ni yo, alguien que no ha nacido
dirá con mis palabras su nocturna agonía.

Nostalgias

NOSTALGIA DE LA NIEVE

¡CAE la noche sobre la nieve!

Todos hemos pensado alguna vez
o alguien —yo mismo— lo piensa ahora
por quienes no saben que un día lo pensaron ya,
que las sombras que forman la noche de todos los
   días
caen silenciosas, furtivas, escondiéndose
detrás de sí mismas, del cielo:
copos de sombra.
Porque la sombra es la nieve oscura,
la impensable callada nieve negra.

¡Cae la nieve sobre la noche!

¡Qué luz de atardecer increíble,
hecha del polvo más fino,
llena de misteriosa tibieza,

anuncia la aparición de la nieve!
Luego, por hilos invisibles
y sueltos en el aire como una cabellera,
descienden
copos de pluma, copos de espuma.

Y algo de dulce sueño,
de sueño sin angustia,
infantil, tierno, leve
goce no recordado
tiene la milagrosa
forma en que por la noche
caen las silenciosas
sombras blancas de nieve.

CEMENTERIO EN LA NIEVE

A NADA puede compararse un cementerio en la nieve.
¿Qué nombre dar a la blancura sobre lo blanco?
El cielo ha dejado caer insensibles piedras de
    nieve
sobre las tumbas,
y ya no queda sino la nieve sobre la nieve
como la mano sobre sí misma eternamente posada.

Los pájaros prefieren atravesar el cielo,
herir los invisibles corredores del aire
para dejar sola la nieve,
que es como dejarla intacta,
que es como dejarla nieve.

Porque no basta decir que un cementerio en la nieve
es como un sueño sin sueños
ni como unos ojos en blanco.

Si algo tiene de un cuerpo insensible y dormido,
de la caída de un silencio sobre otro
y de la blanca persistencia del olvido,
¡a nada puede compararse un cementerio en la
    nieve!

Porque la nieve es sobre todo silenciosa,
más silenciosa aún sobre las losas exangües:
labios que ya no pueden decir una palabra.

NORTH CAROLINA BLUES

A Langston Hughes

En North Carolina
el aire nocturno
es de piel humana.
Cuando lo acaricio
me deja, de pronto,
en los dedos,
el sudor de una gota de agua.
En North Carolina

Meciendo el tronco vertical,
desde las plantas de los pies
hasta las palmas de las manos
el hombre es árbol otra vez.
En North Carolina

Si el negro ríe,
enseña granadas encías
y frutas nevadas.
Mas si el negro calla,
su boca es una roja
entraña.

En North Carolina

¿Cómo decir
que la cara de un negro se ensombrece?
En North Carolina

Habla un negro:
—Nadie me entendería
si dijera que hay sombras blancas
en pleno día.
En North Carolina

En diversas salas de espera
aguardan la misma muerte
los pasajeros de color
y los blancos, de primera.
En North Carolina

Nocturnos hoteles:
llegan parejas invisibles,
las escaleras suben solas,
fluyen los corredores,
retroceden las puertas,
cierran los ojos las ventanas.
Una mano sin cuerpo
escribe y borra negros
nombres en la pizarra.
En North Carolina

Confundidos
cuerpos y labios,
yo no me atrevería
a decir en la sombra:
Esta boca es la mía.
En North Carolina

MUERTE EN EL FRÍO

Cuando he perdido toda fe en el milagro,
cuando ya la esperanza dejó caer la última nota
y resuena un silencio sin fin, cóncavo y duro;

cuando el cielo de invierno no es más que la ceniza
de algo que ardió hace muchos, muchos siglos;

cuando me encuentro tan solo, tan solo,
que me busco en mi cuarto
como se busca, a veces, un objeto perdido,
una carta estrujada, en los rincones;

cuando cierro los ojos pensando inútilmente
que así estaré más lejos
de aquí, de mí, de todo
aquello que me acusa de no ser más que un muerto,

siento que estoy en el infierno frío,
en el invierno eterno
que congela la sangre en las arterias,
que seca las palabras amarillas,
que paraliza el sueño,
que pone una mordaza de hielo a nuestra boca
y dibuja las cosas con una línea dura.

Siento que estoy viviendo aquí mi muerte,
mi sola muerte presente,
mi muerte que no puedo compartir ni llorar,
mi muerte de que no me consolaré jamás.

Y comprendo de una vez para nunca
el clima del silencio
donde se nutre y perfecciona la muerte.
Y también la eficacia del frío
que preserva y purifica sin consumir como el fuego.

Y en el silencio escucho dentro de mí el trabajo
de un minucioso ejército de obreros que golpean
con diminutos martillos mi linfa y mi carne
　 estremecidas;

siento cómo se besan
y juntan para siempre sus orillas
las islas que flotaban en mi cuerpo;

cómo el agua y la sangre
son otra vez la misma agua marina,
y cómo se hiela primero
y luego se vuelve cristal
y luego duro mármol,
hasta inmovilizarme en el tiempo más angustioso
　 y lento,
con la vida secreta, muda e imperceptible
del mineral, del tronco, de la estatua.

DÉCIMA MUERTE

A Ricardo de Alcázar

I

¡QUÉ prueba de la existencia
habrá mayor que la suerte
de estar viviendo sin verte
y muriendo en tu presencia!
Esta lúcida conciencia
de amar a lo nunca visto
y de esperar lo imprevisto;
este caer sin llegar
es la angustia de pensar
que puesto que muero existo.

II

Si en todas partes estás,
en el agua y en la tierra,
en el aire que me encierra
y en el incendio voraz;
y si a todas partes vas
conmigo en el pensamiento,
en el soplo de mi aliento
y en mi sangre confundida,
¿no serás, Muerte, en mi vida,
agua, fuego, polvo y viento?

III

Si tienes manos, que sean
de un tacto sutil y blando,
apenas sensible cuando
anestesiado me crean;
y que tus ojos me vean
sin mirarme, de tal suerte
que nada me desconcierte
ni tu vista ni tu roce,
para no sentir un goce
ni un dolor contigo, Muerte.

IV

Por caminos ignorados,
por hendiduras secretas,
por las misteriosas vetas
de troncos recién cortados,
te ven mis ojos cerrados
entrar en mi alcoba oscura
a convertir mi envoltura
opaca, febril, cambiante,
en materia de diamante
luminosa, eterna y pura.

V

No duermo para que al verte
llegar lenta y apagada,
para que al oír pausada

tu voz que silencios vierte,
para que al tocar la nada
que envuelve tu cuerpo yerto,
para que a tu olor desierto
pueda, sin sombra de sueño,
saber que de ti me adueño,
sentir que muero despierto.

VI

La aguja del instantero
recorrerá su cuadrante,
todo cabrá en un instante
del espacio verdadero
que, ancho, profundo y señero,
será elástico a tu paso
de modo que el tiempo cierto
prolongará nuestro abrazo
y será posible, acaso,
vivir después de haber muerto.

VII

En el roce, en el contacto,
en la inefable delicia
de la suprema caricia
que desemboca en el acto,
hay el misterioso pacto
del espasmo delirante
en que un cielo alucinante
y un infierno de agonía

se funden cuando eres mía
y soy tuyo en un instante.

VIII

¡Hasta en la ausencia estás viva!
Porque te encuentro en el hueco
de una forma y en el eco
de una nota fugitiva;
porque en mi propia saliva
fundes tu sabor sombrío,
y a cambio de lo que es mío
me dejas sólo el temor
de hallar hasta en el sabor
la presencia del vacío.

IX

Si te llevo en mí prendida
y te acaricio y escondo;
si te alimento en el fondo
de mi más secreta herida;
si mi muerte te da vida
y goce mi frenesí,
¿qué será, Muerte, de ti
cuando al salir yo del mundo,
deshecho el nudo profundo,
tengas que salir de mí?

X

En vano amenazas, Muerte,
cerrar la boca a mi herida
y poner fin a mi vida
con una palabra inerte.
¡Qué puedo pensar al verte,
si en mi angustia verdadera
tuve que violar la espera;
si en vista de tu tardanza
para llenar mi esperanza
no hay hora en que yo no muera!

CANTO A LA PRIMAVERA
Y OTROS POEMAS

CANTO A LA PRIMAVERA

LA PRIMAVERA nace
de no sabremos nunca
qué secretas regiones
de la tierra sumisa,
del mar inacabable,
del infinito cielo.

La primavera sube
de la tierra. Es el sueño,
el misterioso sueño
de la tierra dormida,
fatigada y herida.
El sueño en el que todo
lo que la tierra encierra,
desde el profundo olvido,
desde la muerte misma,
germina o se despierta
y regresa a la vida.
¡La primavera sube de la tierra!

La primavera llega
del mar. Es una ola
confundida entre todas, ignorada,
perdida sin saberlo
como un niño desnudo entre las olas,
cayendo y levantándose desnuda,
entre las olas grandes,
entre las incansables
eternas olas altas.
¡Porque la primavera es una ola!

La primavera surge
del cielo. Es una nube
silenciosa y delgada,
la más pálida y niña.
Nadie la mira alzarse,
pero ella crece y sube
a los hombros del viento,
y llega, inesperada.
¡Porque la primavera es una nube!

La primavera surge, llega y sube
y es el sueño y la ola y es la nube.

Pero también la primavera nace
de pronto en nuestro cuerpo,
filtrando su inasible,
su misteriosa savia
en cada débil rama
del árbol de los nervios;
mezclando su invisible

y renovada linfa
a nuestra sangre antigua.
¡Y enciende las mejillas,
y abrillanta los ojos fatigados,
da calor a las yemas de los dedos
y despierta la sed de nuestros labios!

Decimos en silencio
o en voz alta, de pronto, "Primavera",
y algo nace o germina
o tiembla o se despierta.

Magia de la palabra:
primavera, sonrisa,
promesa y esperanza.

Porque la primavera es la sonrisa
y, también, la promesa y la esperanza.

La sonrisa del niño
que no comprende al mundo
y que lo encuentra hermoso:
¡del niño que no sabe todavía!

La promesa de dicha
murmurada al oído,
la promesa que aviva
los ojos y los labios:
¡qué importa que no llegue
a cumplirse algún día!

La trémula esperanza,
la confiada esperanza que no sabe
que alimenta la angustia
y aplaza el desengaño:
¡el frío desengaño
que vendrá inevitable!

Porque la primavera
es ante todo la verdad primera;
la verdad que se asoma
sin ruido, en un momento,
la que al fin nos parece
que va a durar, eterna,
la que desaparece
sin dejar otra huella
que la que deja el ala
de un pájaro en el viento.

AMOR CONDUSSE NOI AD UNA MORTE

Amar es una angustia, una pregunta,
una suspensa y luminosa duda;
es un querer saber todo lo tuyo
y a la vez un temor de al fin saberlo.

Amar es reconstruir, cuando te alejas,
tus pasos, tus silencios, tus palabras,
y pretender seguir tu pensamiento
cuando a mi lado, al fin inmóvil, callas.

Amar es una cólera secreta,
una helada y diabólica soberbia.

Amar es no dormir cuando en mi lecho
sueñas entre mis brazos que te ciñen,
y odiar el sueño en que, bajo tu frente,
acaso en otros brazos te abandonas.

Amar es escuchar sobre tu pecho,
hasta colmar la oreja codiciosa,
el rumor de tu sangre y la marea
de tu respiración acompasada.

Amar es absorber tu joven savia
y juntar nuestras bocas en un cauce
hasta que de la brisa de tu aliento
se impregnen para siempre mis entrañas.

Amar es una envidia verde y muda,
una sutil y lúcida avaricia.

Amar es provocar el dulce instante
en que tu piel busca mi piel despierta;
saciar a un tiempo la avidez nocturna
y morir otra vez la misma muerte
provisional, desgarradora, oscura.

Amar es una sed, la de la llaga
que arde sin consumirse ni cerrarse,
y el hambre de una boca atormentada
que pide más y más y no se sacia.

Amar es una insólita lujuria
y una gula voraz, siempre desierta.

Pero amar es también cerrar los ojos,
dejar que el sueño invada nuestro cuerpo
como un río de olvido y de tinieblas,
y navegar sin rumbo, a la deriva:
porque amar es, al fin, una indolencia.

SONETO DE LA GRANADA

A Alfonso Reyes

Es mi amor como el oscuro
panal de sombra encarnada,
que la hermética granada
labra en su cóncavo muro.

Silenciosamente apuro
mi sed, mi sed no saciada,
y la guardo congelada
para un alivio futuro.

Acaso una boca ajena
a mi secreto dolor
encuentre mi sangre, plena,

y mi carne, dura y fría,
y en mi acre y dulce sabor
sacie su sed con la mía.

SONETO DE LA ESPERANZA

AMAR es prolongar el breve instante
de angustia, de ansiedad y de tormento
en que, mientras espero, te presiento
en la sombra suspenso y delirante.

¡Yo quisiera anular de tu cambiante
y fugitivo ser el movimiento,
y cautivarte con el pensamiento
y por él sólo ser tu solo amante!

Pues si no quiero ver, mientras avanza
el tiempo indiferente, a quien más quiero,
para soñar despierto en su tardanza

la sola posesión de lo que espero,
es porque cuando llega mi esperanza
es cuando ya sin esperanza muero.

DÉCIMAS DE NUESTRO AMOR

I

A mí mismo me prohíbo
revelar nuestro secreto,
decir tu nombre completo
o escribirlo cuando escribo.
Prisionero de ti, vivo
buscándote en la sombría
caverna de mi agonía.
Y cuando a solas te invoco,
en la oscura piedra toco
tu impasible compañía.

II

Si nuestro amor está hecho
de silencios prolongados
que nuestros labios cerrados
maduran dentro del pecho;
y si el corazón deshecho
sangra como la granada
en su sombra congelada,
¿por qué, dolorosa y mustia,
no rompemos esta angustia
para salir de la nada?

III

Por el temor de quererme
tanto como yo te quiero,

has preferido, primero,
para salvarte, perderme.
Pero está mudo e inerme
tu corazón, de tal suerte
que si no me dejas verte
es por no ver en la mía
la imagen de tu agonía:
porque mi muerte es tu muerte.

IV

Te alejas de mí pensando
que me hiere tu presencia,
y no sabes que tu ausencia
es más dolorosa cuando
la soledad se va ahondando,
y en el silencio sombrío,
sin quererlo, a pesar mío,
oigo tu voz en el eco
y hallo tu forma en el hueco
que has dejado en el vacío.

V

¿Por qué dejas entrever
una remota esperanza,
si el deseo no te alcanza,
si nada volverá a ser?
Y si no habrá amanecer
en mi noche interminable
¿de qué sirve que yo hable

en el desierto, y que pida,
para reanimar mi vida,
remedio a lo irremediable?

VI

Esta incertidumbre oscura
que sube en mi cuerpo y que
deja en mi boca no sé
qué desolada amargura;
este sabor que perdura
y, como el recuerdo, insiste,
y, como tu olor, persiste
con su penetrante esencia,
es la sola y cruel presencia
tuya, desde que partiste.

VII

Apenas has vuelto, y ya
en todo mi ser avanza,
verde y turbia, la esperanza
para decirme: "¡Aquí está!"
Pero su voz se oirá
rodar sin eco en la oscura
soledad de mi clausura
y yo seguiré pensando
que no hay esperanza cuando
la esperanza es la tortura.

VIII

Ayer te soñé. Temblando
los dos en el goce impuro
y estéril de un sueño oscuro.
Y sobre tu cuerpo blando
mis labios iban dejando
huellas, señales, heridas…
Y tus palabras transidas
y las mías delirantes
de aquellos breves instantes
prolongaban nuestras vidas.

IX

Si nada espero, pues nada
tembló en ti cuando me viste
y ante mis ojos pusiste
la verdad más desolada;
si no brilló en tu mirada
un destello de emoción,
la sola oscura razón,
la fuerza que a ti me lanza,
perdida toda esperanza,
es… ¡la desesperación!

X

Mi amor por ti ¡no murió!
Sigue viviendo en la fría,
ignorada galería

que en mi corazón cavó.
Por ella desciendo y no
encontraré la salida,
pues será toda mi vida
esta angustia de buscarte
a ciegas, con la escondida
certidumbre de no hallarte.

NUESTRO AMOR

Si NUESTRO amor no fuera,
al tiempo que un secreto,
un tormento, una duda,
una interrogación;

si no fuera una larga
espera interminable,
un vacío en el pecho
donde el corazón llama
como un puño cerrado
a una puerta impasible;

si nuestro amor no fuera
el sueño doloroso
en que vives sin mí,
dentro de mí, una vida
que me llena de espanto;

si no fuera un desvelo,
un grito iluminado
en la noche profunda;

si nuestro amor no fuera
como un hilo tendido
en que vamos los dos
sin red sobre el vacío;

si tus palabras fueran
sólo palabras para

nombrar con ellas cosas
tuyas, no más, y mías;

si no resucitaran,
si no evocaran trágicas
distancias y rencores
traspuestos, olvidados;

si tu mirada fuera
siempre la que un instante
—¡pero un instante eterno!—
es tu más honda entrega;

si tus besos no fueran
sino para mis labios
trémulos y sumisos;

si tu lenta saliva
no fundiera en mi boca
su sabor infinito;

si juntos nuestros labios
desnudos como cuerpos,
y nuestros cuerpos juntos
como labios desnudos
no formaran un cuerpo
y una respiración,
¡no fuera amor el nuestro,
no fuera nuestro amor!

INVENTAR LA VERDAD

Pongo el oído atento al pecho,
como, en la orilla, el caracol al mar.
Oigo mi corazón latir sangrando
y siempre y nunca igual.
Sé por quién late así, pero no puedo
decir por qué será.

Si empezara a decirlo con fantasmas
de palabras y engaños, al azar,
llegaría, temblando de sorpresa,
a inventar la verdad:
¡Cuando fingí quererte, no sabía
que te quería ya!

MADRIGAL SOMBRÍO

Dichoso amor el nuestro, que nada y nadie
   nombra;
prisionero olvidado, sin luz y sin testigo.
Amor secreto que convierte en miel la sombra,
como la florescencia en la cárcel del higo.

DESEO

AMARTE con un fuego duro y frío.
Amarte sin palabras, sin pausas ni silencios.

Amarte sólo cada vez que quieras,
y sólo con la muda presencia de mis actos.

Amarte a flor de boca y mientras la mentira
no se distinga en ti de la ternura.

Amarte cuando finges toda la indiferencia
que tu abandono niega, que funde tu calor.

Amarte cada vez que tu piel y tu boca
busquen mi piel dormida y mi boca despierta.

Amarte por la soledad, si en ella me dejas.
Amarte por la ira en que mi razón enciendes.

Y, más que por el goce y el delirio,
amarte por la angustia y por la duda.

PALABRA

PALABRA que no sabes lo que nombras.
Palabra, ¡reina altiva!
Llamas nube a la sombra fugitiva
de un mundo en que las nubes son las sombras.

MAR

T ACARICIABA, mar, en mi desvelo,
te soñaba en mi sueño, ¡inesperado!
Te esperaba en la sombra recatado
y te oía en el silencio de mi duelo.

Eras, para mi cuerpo, cielo y suelo;
símbolo de mi sueño, inexplicado;
olor para mi sombra, iluminado;
rumor en el silencio de mi celo.

Te tuve ayer hirviendo entre mis manos,
caí despierto en tu profundo río,
sentí el roce de tus muslos cercanos.

Y aunque fui tuyo, entre tus brazos frío,
tu calor y tu aliento fueron vanos:
cada vez más te siento menos mío.

SONETO DEL TEMOR A DIOS

Este miedo de verte cara a cara,
de oír el timbre de tu voz radiante
y de aspirar la emanación fragante
de tu cuerpo intangible, nos separa.

¡Cómo dejaste que desembarcara
en otra orilla, de tu amor distante!
Atado estoy, inmóvil navegante,
¡y el río de la angustia no se para!

Y no sé para qué tendiendo redes
con palabras pretendo aprisionarte,
si, a medida que avanzan, retrocedes.

Es inútil mi fiebre de alcanzarte,
mientras tú mismo, que todo lo puedes,
no vengas en mis redes a enredarte.

EPIGRAMAS DE BOSTON

I

El puritanismo
ha creado
un nuevo pecado:
el exceso de vestido,
que, bien mirado
y por ser tan distinguido,
en nada se distingue del nudismo.

II

Lleva polainas y bastón,
el cuello almidonado
y la corbata de plastrón,
y celosamente guardado,
como Aquiles a Patroclo,
el vulnerable talón
del monoclo.

III

En la novela de Jorge Santayana
—un extraordinario éxito de venta—
dice, ¿quién?, ¿la doncella alemana?
—"Toda una vida puedes pasar
en Boston, sin caer en la cuenta
de que estás en un puerto de mar."

Como del mar viene el placer,
y el placer es en Boston un pecado,
ya no saben qué hacer
para tener al mar emparedado.

IV

Como los rascacielos
no son tradicionales,
aquí los ponen por los suelos,
horizontales.

V

Vicios privados en edificios
públicos llegan a servicios
públicos en edificios
privados.

VI

En hoteles y ascensores
la moral consabida
exige diferente salida
a las damas y a los señores.

De modo que los maridos,
los amantes, los pretendientes
y los recién nacidos
tienen que estar pendientes
para reunirse, de manera

subrepticia y privada,
con la esposa, la amada,
la novia o la niñera.

VII

Los ángeles puritanos,
para disimular su vuelo,
en traje de baño
se tiran al fondo del cielo.

VIII

En Boston es grave falta
hablar de ciertas mujeres,
por eso aunque nieva nieve
mi boca no se atreve
a decir en voz alta:
ni Eva ni Hebe.

EPITAFIOS

I

(J. C.)

AGUCÉ la razón
tanto, que oscura
fue para los demás
mi vida, mi pasión
y mi locura.
Dicen que he muerto.
No moriré jamás:
¡estoy despierto!

II

DUERME aquí, silencioso e ignorado,
el que en vida vivió mil y una muertes.
Nada quieras saber de mi pasado.
Despertar es morir. ¡No me despiertes!

LECTURAS COMPLEMENTARIAS

Xavier Villaurrutia, *Antología,* FCE, 1980.
———, *Obras. Poesía, teatro, prosas varias, críticas,* FCE, 1974.
———, *Contemporáneos,* I al XI, FCE, edición facsimilar en 7 vols., 1981.
Guillermo Sheridan, *Los Contemporáneos ayer,* FCE, 1993.

ÍNDICE

Nostalgia de la muerte

Nocturnos 7
    Nocturno 7
    Nocturno miedo 9
    Nocturno grito 10
    Nocturno de la estatua 11
    Nocturno en que nada se oye 12
    Nocturno sueño 14
    Nocturno preso 15
    Nocturno amor 16
    Nocturno solo 17
    Nocturno eterno 18
    Nocturno muerto 20
Otros nocturnos 21
    Nocturno 21
    Nocturno en que habla la muerte 23
    Nocturno de los ángeles 25
    Nocturna rosa 28

Nocturno mar.............................. 30
Nocturno de la alcoba 33
Cuando la tarde... 35
Estancias nocturnas...................... 36
Nostalgias 37
Nostalgia de la nieve 37
Cementerio en la nieve 39
North Carolina blues..................... 40
Muerte en el frío......................... 42
Décima muerte 44

Canto a la primavera y otros poemas

Canto a la primavera..................... 51
Amor condusse noi ad una morte 55
Soneto de la granada 57
Soneto de la esperanza 58
Décimas de nuestro amor 59
Nuestro amor............................ 64
Inventar la verdad 66
Madrigal sombrío........................ 66
Deseo 67
Palabra 67
Mar 68
Soneto del temor a Dios 69
Epigramas de Boston 70
Epitafios 73

Este libro se terminó de imprimir y encuadernar en diciembre de 1997 en los talleres de Impresora y Encuadernadora Progreso, S. A. de C. V. (IEPSA), Calz. de San Lorenzo, 244; 09830 México, D. F. Se tiraron 5 000 ejemplares.

OTROS TÍTULOS DE
FONDO 2000

Alatorre, Antonio, *El apogeo del castellano*
Anónimo, *Código de Manú y otros textos*
Anónimo, *Dhammapada o las enseñanzas de Buda*
Anónimo, *Los siete infantes de Lara y Romancero del Cid*
Arreola, Juan José, *Prosodia y variaciones sintácticas*
Benavente, Motolinía, fray Toribio de, *Sacrificios e idolatrías*
Bonifaz Nuño, Rubén, *Fuego de pobres*
Burke, Edmund, *El descontento político*
Bustamante, Carlos María de, *El nuevo Bernal*
Cervantes Saavedra, Miguel de, *Cuatro entremeses*
Chumacero, Alí, *Páramo de sueños*
Colón, Hernando, *Vida del almirante don Cristóbal*
Cosío Villegas, Daniel, *Un tramo de mi vida*
Cruz, Sor Juana Inés de la, *Sonetos y villancicos*
Darío, Rubén, *Carta del país azul y otros cuentos*
Díaz Mirón, Salvador, *La giganta y otras damas*
Florescano, Enrique, *La historia y el historiador*
Frazer, James George, *Objetos y palabras tabú*
Frías, Heriberto, *Padierna, Churubusco y Chapultepec*
Fuentes, Carlos, *Tiempos y espacios*
González, Luis, *Otra invitación a la microhistoria*
Gorostiza, José, *Muerte sin fin*
Gutiérrez Nájera, Manuel, *Juan Lanas y otros cuentos*
Guzmán, Martín Luis, *Notas sobre México y los Estados Unidos*
Henríquez Ureña, Pedro, *Humanismo de América*

Homero, *La peste y la cólera. Rapsodias selectas de la Iliada*
Juárez, Benito, *Semblanza y correspondencia*
Lafaye, Jacques, *Los conquistadores*
Lagerlöf, Selma, *Algunas leyendas de Cristo*
Martínez Báez, Manuel, *Vida de Pasteur*
Martínez, José Luis, *Hernán Cortés. Semblanza*
Montaigne, *De la educación de los hijos*
Mora, José María Luis, *El carácter de los mexicanos*
Morales, Juan Bautista, *El gallo pitagórico*
Moreno de Alba, José G., *Algunas minucias del lenguaje*
Moreno Villa, José, *Panes, frutos y dones*
Mutis, Álvaro, *Los rostros del estratega*
Nervo, Amado, *La amada inmóvil*
Othón, Manuel José, *Poemas rústicos*
Paz, Octavio, *Claridad errante. Poesía y prosa*
Pepe Hillo/Paquiro, *Tauromaquias*
Plutarco, *Vida de Alejandro*
Prieto, Guillermo, *Algunas memorias de mis tiempos*
Reyes, Alfonso, *México en una nuez y otras nueces*
Riva Palacio, Vicente, *El nido de jilgueros y otros cuentos*
Rulfo, Juan, *Diles que no me maten y otros cuentos*
Salado Álvarez, Victoriano, *Cinco de mayo*
Sierra, Justo, *La sirena y otros cuentos*
Vasconcelos, José, *Primeros recuerdos*
Zavala, Silvio, *Breves apuntes de historia nacional*